David Boventer

Die Vorsicht der unglaubig Glücklichen

Bibliografische Information der Deutschen Nationalbibliothek:
Die Deutsche Nationalbibliothek verzeichnet diese Publikation in der Deutschen Nationalbibliografie; detaillierte bibliografische Daten sind im Internet über http://dnb.dnb.de abrufbar.

© 2016 David Boventer Illustrationen: Isabelle Rahel B.

Herstellung und Verlag: BoD – Books on Demand, Norderstedt

ISBN: 9783739229607

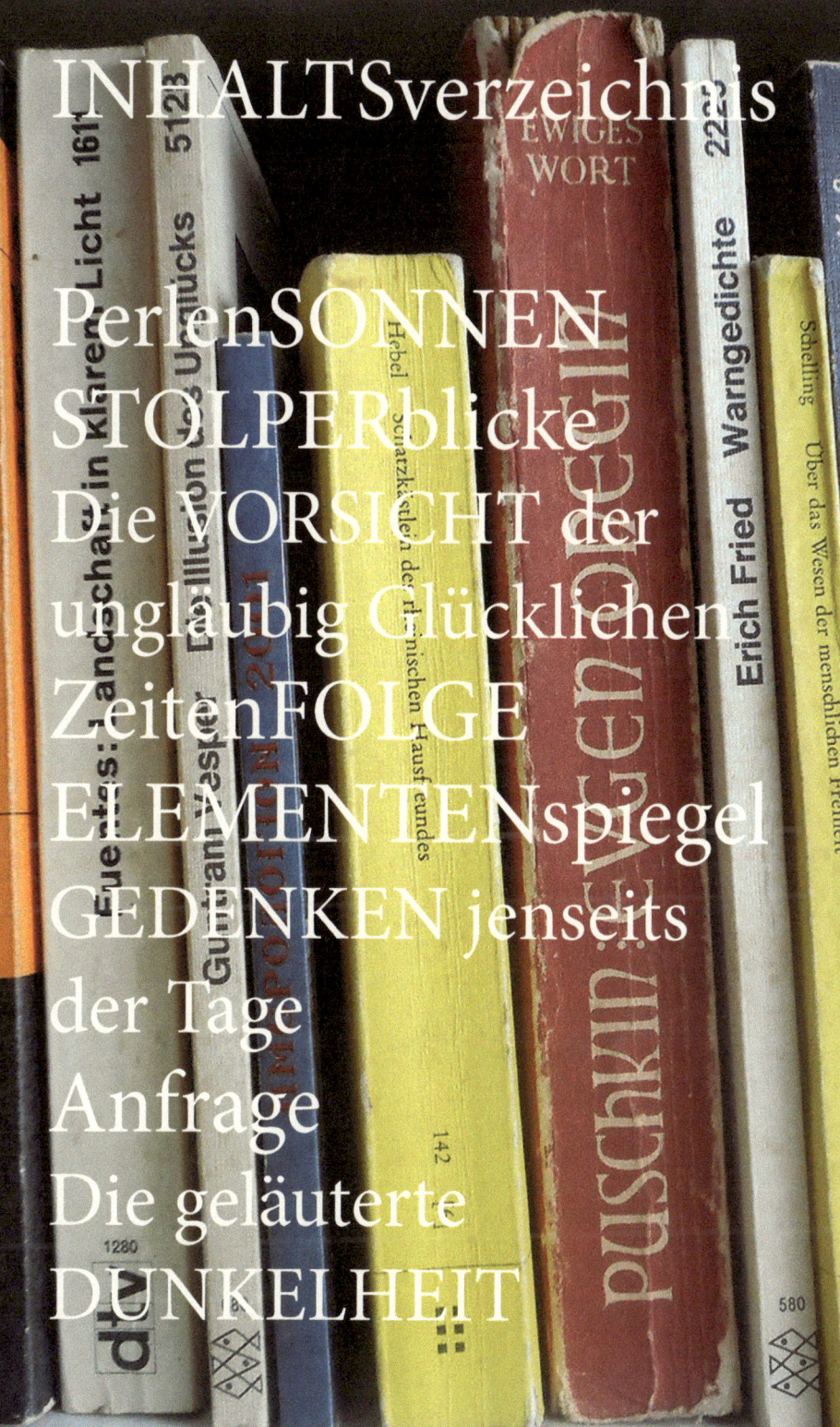

INHALTSverzeichnis

PerlenSONNEN
STOLPERblicke
Die VORSICHT der
ungläubig Glücklichen
ZeitenFOLGE
ELEMENTENspiegel
GEDENKEN jenseits
der Tage
Anfrage
Die geläuterte
DUNKELHEIT

David Martin Boventer wurde im November 1963 in der wunderschönen Stadt Freiburg ins Herz Europas und des Schwarzwald geworfen. Als sein Zuhause fand sich ein Elternhaus im Schwebezustand zwischen einem fernen doch so offensichtlichen amerikanischen Lande und dem schwarzen Wald irgendwo zwischen Frankreich und Baden. In dieser mehrfarbigen Wiege von Deutsch-Amerikanischer Kultur und globaler Belesenheit gediehen Philosophie, Politik, und die Naturwissenschaften gleichermaßen.
Ein intensives Eintauchen in eine oft reißende Strömung zwischen Bejahung und Fluchtwillen hat ihn seitdem oft Wasser schlucken lassen.

Die Freude am Widerspruch und das Laufen auf dem steinigen Weg zur Harmonie schufen diesen Weltenwanderer zwischen Kunst und Wissenssuche, der er leider (...?) noch immer geblieben ist.

„Sag niemals, dass du den letzten Weg gehst,
wenn bleierne Himmel den blauen Tag verdecken.
Kommen wird noch unsere ersehnte Stunde.
Mit einem Schritt wie ein Paukenschlag sind wir da."

Ilustrationen: Isabelle Rahel B.
Zitat: Partisanenlied von Hirsch Glick.

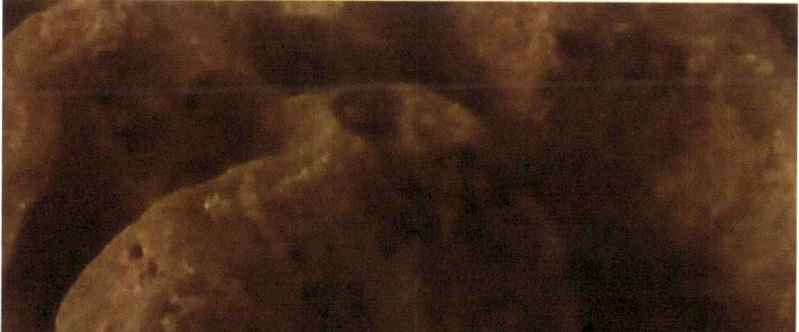

Perlensonnen

I
Wende Dich ab vom
Schattenfunkeln

kristallen
ist die Tagesbraut

aber unter Nachtflügeln
wuchert Sternenfleisch

II
Sprich Du mit den
Sturmgesandten

Augenbrüste
brüten den Gezeiten

Perlensonnen

Stolperblicke

Eisaugen-
erstarrung
die Flucht der Furcht-
metastasen

Und wenn dann
der inneren Wälder
Leeregesang
im Klagelicht der Sonne
verrinnt

Erwacht das arktisfunkelnde
Nichtbegreifen
der Einruhe Bilder
zweiäugig kommen Köpfe
zur Welt

Die Vorsicht der ungläubig Glücklichen

Goldsprung, die Tunnelferne
der Blasenwelten, bis zum
Sonnenlauf der
fernen Zwerge

Parkfacetten, ein Honiglicht
trägt uns zur Scholle der Einsamkeit
ein Schmerz säumt später die
Schneealleen

Silbersprache der Dämmerung
tönern ist die Harmlosigkeit der Tage
wenn Kerzenarme nach dem Licht greifen
ist die Dunkelheit in Gefahr

Zeitenfolge

Betäubung lindere
im Augenschlag
bald ziehen Winterschatten auf
dann überstäubt Aschenweiss das Land

Rastlos sind die Stürme
trügerisch der Mondesatem
schon brennen Zwerge
Mürbebrot

Blätterwege bette
in Baumesdaunen
es ringen vier Himmel
in wissender Lust

Elementenspiegel

Erwartungsstille
unmittelbarer Niedergang
Waldblattflucht
der Eisberge Kalbsgeburt

Ruderdickicht
die hängenden Lianenarme
plötzlich rasender Weitenblick
der Fall in die Ferne

Tageswurf
die blauheischende Tiefe,
Wolkenschüssel, Himmelsrand,
Segelhände im Salzwind

Krabbengrab
der erstickende Sand
Kiementod, Lungenbersten,
ein milder Wogenschlag

Gedenken jenseits der Tage

Die Schaukelschwingen
brückenleicht
mit klirrendem Atem
das Schweigen rufen

Den Bogen spannen
die Wasser werden uns tragen
manchmal aber
sinkt ein Blumenschrei
in unsere Herzen

Der Stachelhöfe
Spiegelhall
ein sprachloses Schallen
ein sanftklares Sagen
auf Nimmerzeit

Anfrage

Du biege den Regenbogen
eisgeschworen wimmern
Himmelsperlen
und Schnee kämmt das Gras

Augensplitter auf den Seemasten
sturmbefragt, wenn die Segel
den Horizont zerteilen
grabe Du der Wetterpforten
Fundamente

Du schreibe Melancholie
über die Winterblumen
espenlodernde Atemwärme
fiebert Nebelworte

Die geläuterte Dunkelheit

Wie ein Tränenglas-
flutenstrom
die blühende Willens-
zaubermacht

Wie ein Goldstaub-
kinderlachen
blaugerahmte Erden-
worte

Wie ein Geburtsschrei-
lebensgrün
siebenmal die knospende
Ewigkeit